Die große Überraschung

von Valerie Bopp
mit Illustrationen von Joy Katzmarzik

CLV

Christliche Literatur-Verbreitung
Ravensberger Bleiche 6 · 33649 Bielefeld

1. Auflage 2016

Ravensberger Bleiche 6 · 33649 Bielefeld
Internet: www.clv.de

Illustrationen, Layout und Umschlaggestaltung: Joy Katzmarzik
Druck und Bindung: BasseDruck GmbH, Hagen

Bestell-Nr. 256345
ISBN 978-3-86699-345-7

Wenn nun ihr … euren Kindern gute Gaben zu geben wisst,
wie viel mehr wird euer Vater, der in den Himmeln ist,
denen Gutes geben, die ihn bitten!

Matthäus 7,11

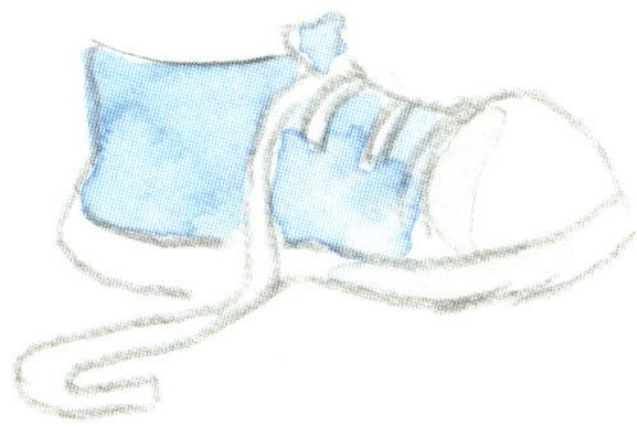

»Na endlich!«, rief Tommy, als Mama in den Birkenweg einbog. Der Urlaub bei Oma und Opa war echt super gewesen, aber zu Hause war es am allerschönsten. Er konnte es kaum erwarten, in den Garten zu rennen. Dort wartete schon sein Lieblingskletterbaum auf ihn. Und von Opa hatte er einen Becher mit Lupe bekommen, weil er so gerne Insekten beobachtete. Den wollte er auch unbedingt ausprobieren.

Mama parkte das Auto auf dem Hof, und noch bevor es richtig stand, machte Tommy die Tür auf und sprang aufs Pflaster. Jetzt musste er nur noch seine Latzhose aus dem Rucksack fischen, und dann konnte es losgehen.

»Tommy, hilfst du Feli bitte mit ihrer Tasche?«

»Okay«, brummte Tommy und belud sich mit dem Gepäck. Felicitas war inzwischen auch von der Rückbank gekrabbelt und trottete hinter ihrem großen Bruder her. Der hatte es aber eilig!

In Rekordzeit hatte Tommy sich umgezogen. Mit dem neuen Insektenglas und seiner alten Latzhose war er perfekt ausgerüstet. Doch an der Hintertür zum Garten fing Mama ihn ab: »Du kannst jetzt noch nicht in den Garten, Tommy.«

»Was?« Tommy sah Mama mit großen Augen an. Konnte das ihr Ernst sein? Sommerferien, super Wetter – und er durfte nicht in den Garten? Und was sollte dieses geheimnisvolle Lächeln?

»Aber warum denn nicht, Mama?« Plötzlich fiel Tommy noch etwas anderes auf: »Und wo ist eigentlich Papa?«

Mamas Lächeln wurde noch ein bisschen breiter und geheimnisvoller. »Papa ist im Garten. Er hat eine Überraschung für euch, aber ihr müsst noch ein bisschen warten.«

Bei dem Wort »Überraschung« war auch Feli neugierig geworden: »Was ist es denn, Mama? Und wann dürfen wir die Überraschung sehen?«

»Papa braucht noch etwa eine Stunde«, sagte Mama.

»Eine Stunde?« Für Tommy und Feli hörte sich das sehr lange an. »So lange kann ich nicht warten!«, sagte Feli.

»Na, kommt erst mal in die Küche«, sagte Mama. »Vielleicht kann ein Kakao euch die Wartezeit verkürzen. Und wenn ihr möchtet, könnt ihr Charlotte und Linus einladen. Die beiden helfen euch sicher beim Warten.«

»Au ja!« Tommy stürzte zum Telefon, um seinen besten Freund Linus anzurufen. Linus und seine Zwillingsschwester Charlotte wohnten auch im Birkenweg, und zusammen mit Tommy und Feli waren sie die Birkenweg-Bande. Hoffentlich war Linus da!

Tommy hatte Glück: Linus und Charlotte waren zu Hause und kamen sofort, um mit Tommy und Feli auf die Überraschung zu warten. Bald saßen die vier Freunde um den großen Küchentisch, schlürften Kakao und futterten Äpfel.

»Mama, ist die Stunde endlich um?«, wollte Feli wissen.
»Nein, Schatz, es sind erst zehn Minuten um.
Geht doch nach oben und macht ein Spiel!«

Obwohl sie das Angelspiel eigentlich immer sehr gerne spielten, machte es heute nicht so richtig Spaß. Immer, wenn sie meinten, dass die Stunde jetzt doch wirklich um sein müsste, ging Charlotte nach unten in die Küche und fragte Mama, wie lange es noch dauerte.

»Ich darf nicht mehr runterkommen!«, verkündete sie, als sie zum vierten Mal zurück ins Zimmer kam. »Eure Mama hat gesagt, es dauert noch, und sie kommt uns holen, wenn es so weit ist.«

»Ich kann aber nicht mehr!« Feli kam ein schrecklicher Gedanke. »Hoffentlich ist die Überraschung überhaupt so gut, dass sich das ganze Warten lohnt.«

Tommy runzelte die Stirn. Charlotte machte aus lauter Langeweile einen Handstand. Nur Linus schien die Warterei nichts auszumachen. Er hatte sich ein Buch von Tommys Regal geschnappt und sich in eine Zimmerecke verkrochen.

Endlich öffnete sich die Tür.

»Papa!«, brüllten Feli und Tommy gleichzeitig und stürzten in seine Arme.

»Dürfen wir jetzt endlich raus, Anne?«, fragte Charlotte die Mama von Tommy und Feli.

»Ja, jetzt geht's los.« Mama machte es aber richtig spannend. An der Tür zum Garten mussten alle stehen bleiben und sich die Augen mit Schals verbinden lassen.

Dann nahm Papa Tommy und Linus an die Hand. Dahinter kam Mama mit Feli und Charlotte.

»Achtung, drei Stufen nach unten!«, rief Papa. Tommy wusste, dass sie die Treppe von der Terrasse in den Garten hinunterstiegen. Er spürte den Rasen unter seinen Füßen. Wo führte Papa ihn hin? Hier ging es bergab. Sie mussten jetzt an der Schaukel vorbeikommen. Führte Papa sie ans Ende des Grundstücks zu den beiden dicken Apfelbäumen? Papa blieb stehen. »Jetzt dürft ihr gucken.«

Gleichzeitig nahmen sich Tommy, Charlotte, Linus und Feli die Schals ab und …

»Ein Baumhaus!!«

... brüllten die Freunde gleichzeitig.

Charlotte rannte als Erste los und kletterte die Strickleiter hoch. Tommy folgte ihr, denn er hatte den Ausguck hoch oben im Gipfel des Apfelbaums entdeckt. Sollte das etwa ein echtes Fernrohr sein? Das musste er erkunden.

Linus ließ sich von Papa seine Brille geben, die er ausgezogen hatte, als Mama ihm die Augen verbunden hatte. Dann nahm er den Seilzug unter die Lupe, mit dem man Vorräte direkt ins Baumhaus ziehen konnte.

Feli blieb bei Mama und Papa stehen.

»So ein wunder-wunderschönes Baumhaus!«, flüsterte sie. »Da hat sich das lange Warten gelohnt. Danke, Mama und Papa!« Feli gab erst Mama und dann Papa einen dicken Kuss.

Dann rannte sie los, um die Reifenschaukel auszuprobieren, die von einem Ast herunterbaumelte.

Alle waren sich einig: Das hier war das schönste Baumhaus, das man sich vorstellen konnte. Charlotte kletterte von der großen Plattform über die dicken Äste des Apfelbaums einfach weiter in die Baumkrone und machte es sich in einer Astgabel bequem.

Papa stieg zu Tommy in den Ausguck und erklärte ihm, wie er das Fernrohr einstellen konnte. Tatsächlich konnte Tommy Hemingway, den Kater ihres Nachbarn Herrn König, durch den verwilderten Nachbargarten schleichen sehen. Und wenn er das Fernrohr ein bisschen drehte, konnte er die Autos auf der Bundesstraße beobachten.

Nachdem Feli so hoch geschaukelt hatte, wie sie sich traute, legte sie sich einfach in den großen Reifen, sah in die dichten Blätter des Apfelbaums hoch und konnte gar nicht aufhören zu lächeln, weil sie so ein tolles Baumhaus hatten.

Linus zog für Mama erst einen großen Teller mit Waffeln, dann zwei Schüsseln mit Sahne und Erdbeeren und zuletzt noch Servietten und eine Tischdecke im Korb nach oben. Sogar Hemingway kam über den Gartenzaun gehuscht, um das Baumhaus zu bewundern. Aber vielleicht wollte er auch nur versuchen, ein bisschen Schlagsahne zu stibitzen.
»Hey, wisst ihr was?«, rief Charlotte den anderen zu und rutschte aus ihrer Astgabel auf die oberste Plattform des Baumhauses hinunter. »Jetzt sind wir nicht mehr die Birkenweg-Bande, sondern …« – Charlotte legte eine künstliche Pause ein – »die Baumhaus-Bande.«

»Habt ihr Hunger auf Waffeln, Baumhaus-Bande?«, rief Mama. Natürlich hatten alle Hunger. Es war auch nur ein kleines bisschen eng im Baumhaus, als sich alle sechs hinsetzten. In der Mitte hatte Mama einfach eine Tischdecke auf den Boden gelegt. Die Waffeln rochen so lecker, dass Tommy richtig Heißhunger bekam.

»Wer möchte denn beten?«, fragte Papa.

»Ich!«, sagte Tommy, und alle schlossen die Augen. »Danke, Herr Jesus, für die Waffeln! Und für unser neues Baumhaus. Und für Mama und Papa und Feli. Und für Linus und Charlotte … Amen.«

Nach dem »Amen« stürzten sich alle auf die Waffeln, und zum ersten Mal, seit Tommy und Feli heimgekommen waren, wurde es für einen Moment richtig still. Aber das hielt nicht lange an, denn jetzt mussten sie Papa ja darüber ausfragen, wie er das Baumhaus gebaut hatte. Und wer ihm geholfen hatte. Und wie lange es gedauert hatte.

Dann fiel Tommy noch etwas ein: »Warum hast du uns eigentlich so ein cooles Baumhaus gebaut, Papa? Du hast ja sicher jeden Abend nach der Arbeit hier noch weitergearbeitet. Das war bestimmt ganz schön anstrengend.«

Papa lächelte und schob sich noch ein Stück Waffel in den Mund.

»Das Baumhaus habe ich gebaut, weil ich euch lieb habe. Mama hat mir manchmal geholfen, und dann haben wir uns anschließend hier auf die halb fertige Plattform gesetzt und uns vorgestellt, wie sehr ihr euch freuen würdet und wie viel Spaß ihr hier haben würdet. Wir haben euch sehr lieb, und darum freuen wir uns, wenn ihr euch freut. Und darum wollen wir euch tolle Geschenke machen.«

Tommy schmiegte sich an Papas Schulter. »Echt? Einfach, weil du mich lieb hast?«

»Einfach, weil ich dich lieb hab.«

Feli kniete sich hin, damit sie an Papas Ohr kam. Ganz leise flüsterte sie: »Ich hab dich auch lieb, Papa.« Papa legte einen Arm um Tommy und einen um Feli.

»Die meisten Eltern haben ihre Kinder sehr, sehr lieb. So wie Mama und ich euch lieb haben, und so wie Tina und Chris Charlotte und Linus lieb haben. Eltern wünschen sich, dass es ihren Kindern so richtig gut geht. Aber wisst ihr was? Gott sagt, dass er uns Menschen noch viel mehr lieb hat. Gott macht sich ständig Gedanken darum, was gut für uns ist. Und alles, was er macht, ist auch wirklich gut. Und jeden Tag macht er uns Geschenke. Du hast eben ein paar aufgezählt, Tommy: leckeres Essen, Familie, Freunde. Das gibt Gott uns einfach so. Weil er uns lieb hat. Manchmal müssen wir Geduld haben und auf seine Geschenke warten – so wie ihr warten musstet, bis das Baumhaus ganz fertig war. Und manchmal lässt er auch zu, dass wir traurige Dinge erleben. Aber ihr könnt ganz sicher sein, dass er euch lieb hat. Mehr als wir Eltern das können.«

»Ihr habt uns lieb, und Gott hat uns lieb, und wir haben ein Baumhaus, und es gibt Waffeln«, zählte Feli auf und kuschelte sich an Papa. »Heute ist ein super-toller Tag.«